给孩子看的经济学 **3**

疯狂的圣弗朗西斯科

乔 冰 曾桂香 著　纸上魔方 绘

中原出版传媒集团
中原传媒股份公司

海燕出版社

图书在版编目（C I P）数据

给孩子看的经济学.3, 疯狂的圣弗朗西斯科/乔冰, 曾桂香著；纸上魔
方绘.—郑州：海燕出版社，2018.10
ISBN 978-7-5350-7701-1

Ⅰ.①给…　Ⅱ.①乔…　②曾…　③纸…　Ⅲ.①经济学-儿童读物
Ⅳ.①F0-49

中国版本图书馆CIP数据核字 (2018) 第218003号

选题策划：	张满弓	责任校对：	冯锦丽
责任编辑：	刘 嵩	责任印制：	邢宏洲
美术编辑：	李岚岚	责任发行：	贾伍民

出版发行：**海燕出版社**
　　　　　（郑州市北林路16号　邮政编码450008）
发行热线：　0371-65734522
经　　销：　全国新华书店
印　　刷：　深圳市富达泰包装印刷有限公司
开　　本：　16开（700毫米×1000毫米）
印　　张：　9
字　　数：　180千
版　　次：　2018年10月第1版
印　　次：　2018年10月第1次印刷
定　　价：　29.80元

本书如有印装质量问题，由承印厂负责调换。
（本书少量文字有演绎成分。）

前　言

　　货币是怎么产生的？在外国能用我们国家的钱吗？
为什么水很便宜，钻石却那么贵呢？钱越多越幸福吗？
商场为什么会倒闭？日常生活中，无数关于价格、交
通、通讯、环境等问题困扰着孩子们。对孩子的经济启
蒙、习惯引导、财商培养对他们未来的事业和生活都会
产生相当深远的影响。这是一套将财商教育巧妙融入到
日常生活之中，让孩子在不经意间就接受财商启蒙教育
的书。该系列囊括了经济生活的方方面面，包括辨认钱
币，认识币值，也包括制定用钱计划，买卖交易，甚至
还包括储蓄、税收、广告、市场竞争等比较深一些的经
济领域。它不仅能引导孩子正确看待金钱和财富，从小
形成正确的金钱观和价值观，而且符合儿童认知习惯，
让孩子理解经济，帮助孩子树立正确的价值观，有效地
支配自己的财富。

主人公介绍

多索
性格开朗，活泼好动，勇敢坚强，勤奋好学，关键时刻能先为朋友着想，遇到好书立即变成书呆子。

库奥
小帅哥，喜欢装酷，热爱侦探，经常爆出冷幽默，会一些功夫。

卡罗拉
卡萝莉的双胞胎姐姐，数学天才，冷静理智，热爱花草，喜欢医学。

多罗
玫瑰镇有名的淘气包，酷爱美食，唯恐天下不乱，热衷探险和恶作剧，关键时刻常常掉链子，经常和卡萝莉斗嘴。

卡萝莉

超级爱美，崇拜双胞胎姐姐卡罗拉，常常和多罗发生口水大战，哭起来没完没了。有点大嘴巴，守不住秘密。

西里

心地善良的糊涂虫，经常搞得大家啼笑皆非。

派奶奶

慈爱又神秘，最拿手的是做苹果派，独自住在一栋城堡样式的大房子里，家里有不少古老而神秘的摆设，还有个神秘的地下室。养了一只波斯猫叫菲比。

乌拉拉

来自神秘岛的小精灵，纯真顽皮，聪明可爱，有时候会耍赖。

目录

第一章
想要多少金子去淘好了

派奶奶的城堡里。从光柱里摔落下来的多索他们几个姿势各不相同，或坐或躺在地板上。派奶奶抱着她心爱的波斯猫，正笑眯眯地看着他们。

这次穿越怎么样？一定收获不小吧？

一听这话，多罗立即想起没来得及拿走的宋小聪家白花花的银子，还有没到手的王员外的赏赐，忍不住抗议起来。

多罗说："派奶奶，您可真会挑时候！如果穿越前打个招呼，或者再给我几分钟，我现在一定发财了！那个王员外好歹也是上一年杭州的首富，我给他做人工呼吸救了他的命，他再怎么小气也得赏赐我一些黄金吧？"

给他做人工呼吸？

多罗，你没带金子和银子穿越回来，这种打击真的很沉重啊！

金子！银子！打击！打击！

2

派奶奶诧异地看过去，只见跟随多索穿越而来的鹦鹉金刚，正在那里得意地重复着库奥说的话。而那只刚才还懒洋洋地打盹的波斯猫菲比，此刻正大睁着眼睛，敏捷地从派奶奶身上一跃而起，径直朝鹦鹉扑去。

鹦鹉迅速从地面上跃起，在半空中扇动着翅膀。

菲比接连几个起跳，可它连鹦鹉的尾巴也够不到，不由得气恼地趴在地上低吼起来。

叫爸爸！
叫爸爸！

哈哈！

菲比，不许顽皮！——你们带回来的这只鹦鹉还挺特别，喜欢人家叫它"爸爸"……对了，多罗，你真的很想要金子？

很好！那我就送你们去圣弗朗西斯科，想要多少金子尽管去淘好了！不过……

派奶奶没有把话说完，只是意味深长地看着多罗他们几个。

乌拉拉急得上蹿下跳："竟然有可以淘金子的地方？您怎么不早……"升腾而起的光柱，掩盖了它后面的话。

多索他们几个目瞪口呆地看着眼前的城市。两边林立的高楼显示着它昔日的繁华，可是此刻所有的店铺都挂着"停业"的牌子，连学校和教堂的门都大开着，地上厚厚的灰尘显示这里已经很久没有人打扫了。街上的路人全都行色匆匆，奇怪的是每个人的手里都拿着一个盆。

西里不解地盯着那些盆："我们是来到了一个乞丐城吗？这里的人都是专业乞丐吗？他们拿盆是装乞讨来的食物的吗？"

盖亚说："大概这里的人特别慷慨，每次都送给乞丐一大堆食物，用餐碟根本装不下吧。"

多罗看到街两边搭了很多帐篷，就好奇地走过去看。帐篷里光线昏暗，散发出阵阵霉味。里面的人肤色不同，一个个看起来却都很兴奋，仿佛在无声地宣告他们是伟大的梦想家和探险者。

多罗走进一个帐篷，和一个年纪稍大的人聊起了天……

"圣弗朗西斯科遍地都是黄金啊！从河中很容易就能采到天然金块儿，听说有人一天就采到了5磅金子！"那人说道。

"你怎么空着手啊？明天赶紧去买个盆吧，想淘金的话，盆可是必需品！用盆装上河里的泥土，然后加水，一圈一圈地旋转冲洗。泥土会被洗掉，金子最重，所以会留在盆的底部。"那人接着说道。

"我是从意大利来的，走到这里用了半个月。这里离圣弗朗西斯科很近了，赶紧睡吧，明天一早出发，很快就能到圣弗朗西斯科淘金了！"眼看夜深了，那人最后说道。

被"淘金"这个词搞得热血沸腾的多索他们挤进一个帐篷里，穿着衣服一个挨着一个地躺下。半夜，多罗被冻醒了，他发现浑身是毛的乌拉拉没有丝毫怕冷的样子，伸展着四肢睡得正香。多罗伸手摸摸它，紧贴着乌拉拉温暖的身体，感觉舒服得很。

等到多罗迷迷糊糊地睡过去，隐约感觉到肚子被人踹了一脚，接着大腿传来一阵刺痛。

多罗恼怒地睁开眼睛，只见乌拉拉还在呼呼大睡，它的两条腿却一会儿伸直，一会儿蜷起来，还不时发出一阵满意的哼哼声。

多罗气恼地转过身去，把自己的脊背对着乌拉拉。不料一只毛茸茸的爪子却毫不客气地伸过来，对准他的头发狠狠抓了一下。

哎呀！

为什么摇醒我？

为什么抓我的头发？

我没抓你呀。我正在做梦，梦到前面的河水里有大块大块的金子，于是赶紧去抓……

第二天一大早，那些来自世界各地的淘金者就动身了。多罗跟着他们走到圣弗朗西斯科的时候，已经累得上气不接下气了。

这样走下去，只怕还没淘到金子，我已经累散架啦！不行，我要买一匹马，让它驮着我走！这样可以加快速度！

早就叫你减肥，你却整天找借口！

不吃饱了，哪有力气减肥啊！

我们穿越得太匆忙了，只有你身上带了一些现金，还是先买些面包、水之类的必需品吧。马是奢侈品，没必要吧……

对！没有马我们可以步行，可是如果没有食物和水，我们就完蛋啦！多罗，你千万别冲动！

多索的话音刚落，旁边有一个人就带着一脸憨厚的笑容跑了过来，他身后是一匹漂亮的马。

那人说："这位小……小绅士，你要买马吗？选我这匹宝马，绝对没错！只要70美元，很便宜的！"

多罗小心地靠上前："你这匹马听话吗？"

那人拍拍胸脯："太听话了！这是我卖马60年来遇到的最温顺的一匹马！饭量又特别小，可以连续几天几夜奔跑，却滴水不喝！别犹豫了！"

多索和卡罗拉一愣，诧异地打量着眼前这个看起来最多只有30岁的男人。没等他们戳穿卖马人的年龄破绽，西里已经激动得大叫起来。

100英镑!

成交!

多索和卡罗拉面面相觑，可是已经来不及阻止西里这个冲动的家伙了。卖马人小心地把英镑收好，无比殷勤地把马的缰绳递给西里。

西里，没见过你这么奇怪的买家，竟然主动加价，把70美元提高到了100英镑！

对不起……一激动，就忘记100比70多了。咦？英镑和美元哪个更值钱？哎呀，不重要了！多罗，赶紧付钱呀！别耽误我们去淘金！马上要淘到很多金子了，还在乎这么点儿小钱？

盖亚看着马狂喜不已，赶紧把它牵到附近的草地上吃草。多罗按捺不住了，从盖亚手里要过缰绳，迫不及待地往马背上爬去。

马昂着头，多罗手脚并用，却根本爬不上马背，很是狼狈。多索他们几个一起上前帮忙，有的按住马头，有的抓住马尾，终于帮着多罗爬了上去。

多罗摆出一副大人不计小人过的姿态，得意扬扬地甩起了马鞭。马突然扬起前腿在原地站立起来，毫无防备的多罗也跟着腾空而起，紧接着跌落在马背上。

卡萝莉惊叫起来："小心！"

必需品

必需品简单来说就是平时用到的必不可少的东西，如食物、衣服、燃料和医疗服务等。必需品按照满足人们生活的不同需求，可分为衣、食、住、行几大类，其中有随时会消耗掉的，比如柴米油盐，也有可以长期保有的，比如衣服、鞋子等。

在不同情况下，人们的必需品是不同的。比如你想去野营，那么一顶帐篷就是必需品；而不去野营的话，帐篷并不是我们的必需品。

对淘金者来说，正如多罗听到的对话那样，想淘金的话，盆可是必需品，因为需要用它从泥沙中淘取金沙。

一般情况下，由于必需品是生活中不可缺少的，少量的价格变动不会引起需求急剧变动，因此被认为是缺乏弹性的。比如盐，即使它的价格调高，你也不可能不买不吃。而非必需品的东西，比如可口可乐，你可以买也可以不买，在价格上弹性相对大一些。

多罗想买马的时候，卡罗拉说他们现金不多，建议还是先买些食物、水之类的必需品。如果没有这些必需品，大家就会饿肚子、口渴，连生存都有问题，更不用提去做别的事情了，比如淘金。

奢侈品

奢侈品是超出生存与发展需要范围的，具有独特、稀缺、珍奇等特点的消费品，又称为非生活必需品。它的涵盖范围很广泛，从吃的人参、戴的首饰到我们代步用的豪华汽车等，都属于奢侈品。

在当时的圣弗朗西斯科，马就属于奢侈品。即使不买马，也丝毫不影响多索他们的生存和淘金需要。

奢侈品消费是一种高档消费，它的概念是不断延伸的，随着时代的变化而变化。比如20世纪80年代对人们来说是奢侈品的自行车、缝纫机等，现在早已不属于奢侈品的范畴，几乎人人都买得起。

冲动消费

冲动消费是指事先没有计划的购买行为。如果冲动消费，很容易买一堆用不上的东西，造成浪费。多罗买马就是典型的冲动消费，只是因为走累了，就突然决定买一匹马。卖马人略显浮夸的推销，让多罗立即花大价钱买下了马。

小朋友，你们家里有没有爸爸妈妈冲动之下购买的闲置物品？你可以给爸爸妈妈讲一下冲动消费的坏处。

1.以下物品属于必需品的是（　　　），属于奢侈品的是（　　　）。

　　A.米饭　　　B.名贵的包　　　C.蔬菜　　　D.牙刷

　　E.人参　　　F.名贵的鞋　　　G.几万元一件的衣服

　　H.御寒的大衣　　　I.盐

2.以下关于必需品的说法正确的是（　　　）。

　　A.必需品就是生活中必不可少的

　　B.柴米油盐不属于必需品

　　C.对于不爱吃味精的人来说，味精不是生活必需品

　　D.每个人的必需品都一样

3.以下消费行为不属于冲动消费的是（　　　）。

　　A.考试考砸了，心情不好，买了一堆衣服

　　B.升职了，在推销员的推销下，买了一把昂贵的按摩椅

　　C.终于发工资了，为妈妈买了一件厚实保暖的羽绒服

　　D.被上司骂老土了，立马去商场狂购10件品牌衣服

　　4.举例说一下发生在自己身上的冲动消费的例子吧。如果下次再遇到这种情况，你该怎么控制自己的冲动呢？

第二章
最"温顺"的马

面色惨白的多罗还没反应过来，前腿落地的马又弹跳起来，把多罗颠到了一边。多罗大惊失色，紧紧抓住马鬃，才勉强稳住了身体。还没等他的屁股落回马背，马前蹄落地，迅速来了个高难度的后蹄空中上蹬。

头晕眼花的多罗再也没有力气抓住马鬃，被弹到了半空。等他跌落时，那匹马早已不见了踪影。多罗重重摔在地上，捂着屁股大叫起来："哎呀……卖马的骗子！他不是说这是他卖马60年来见过的最温顺的马吗？"

多索小心翼翼地把多罗搀扶起来："怎么样，要不要看医生？"

多罗满脸痛苦地摆摆手，只觉得此刻全身的骨头都松散开来，一阵阵钻心的疼痛袭来。

一个看起来是当地人的男人满脸同情地靠了过来："幸好它还没蹦，否则你的屁股就要摔得皮开肉绽了！我们这里的人都知道这匹马，它的外号叫'魔鬼'，性子烈得很，白送都没人敢要。"

卡罗拉若有所思地说："谢谢你告诉我们实情……不过我有个问题，你为什么不去淘金？"

那人一脸神秘地摆摆手："淘金多累啊！还有更舒适的赚钱方法……以后你们会明白的。"

他们正说着，发现那匹马此时又雄赳赳地跑了回来。

盖亚冲着多罗做个鬼脸，朝着自己竖起了大拇指："肯定是你太胖了，这匹马不愿意让你骑。瞧我的！"

只见盖亚的兽皮裙在半空中飞舞，他姿态矫健地飞身跳上了马背，一上去就紧紧抱住马脖子。

卡罗拉和卡萝莉一起欢呼起来："好样的，盖亚！"

可是她们欢呼得太早了。盖亚的运气比多罗好不了多少，这匹马再次娴熟地开始了"表演"——前蹄站立，后蹄上扬……几个回合后，盖亚再也坚持不住，变成了第二个"空中飞人"，然后重重地跌落在地上。

库奥同情地说："盖亚，快起来！咦！你的骑术比多罗好得多嘛！"

跌落在地上的盖亚疼得龇牙咧嘴，没好气地白了库奥一眼："哎哟……屁股好痛！喂！能不能别光站着看啊？过来拉我一把行不行?！"

多索和库奥本来还跃跃欲试，看着多罗和盖亚跛着脚一走一瘸的惨样，彻底打消了自己想骑马的念头。那匹马嘶鸣一声，用傲视群雄的眼神，挑衅般地看着自己的新主人们。

乌拉拉本来还幻想着做一个骑上马背的精灵，省得自己迈开两条小短腿费力地追赶同伴们，看到这个情景赶紧作罢。

多罗他们垂头丧气地在大街上游荡，那匹马跟在他们身后，好像很享受这种散步。多罗越想越来气，决定把它加价卖出去，这样他至少可以小赚一笔。

多罗吆喝道："要马吗？史上最听话的马，只要120英镑！"

四周静悄悄的，那些赶路的人彻底把他们当作透明人，若无其事地从他们身边经过。

盖亚帮着吆喝："要马吗？史上最听话的马，只要120英镑！"

他是个大嗓门，声音传出很远，却还是没人上前搭话。

多罗很失望："看来涨价是不可能了，还是原价卖出去吧！"

乌拉拉觉得这样沿街叫卖不太引人注目，它灵机一动，干脆用歌唱的方式招揽买家。

乌拉拉乌拉拉，我们的马儿好听话……乌拉拉乌拉拉，只要100英镑啦！乌拉拉乌拉拉……

还是没有任何动静。

几个人愁眉苦脸地商量了一下，终于决定降价把这匹惹不起的马卖出去。

要马吗？史上最听话的马，只要90——不，80英镑！

要马吗？乌拉拉乌拉拉，史上最听话的马！乌拉拉乌拉拉，只要60——不，50英镑！

要马吗？史上最听话的马，只要80——不，70英镑！

多索拍打着酸疼的双腿："这真是史上性价比最低的马了！"

西里提议道："干脆送人算了。"

多罗牙疼似的吸了口气："你说得倒容易！我的100英镑就这么没了踪影？要不……"

多罗舔舔嘴唇，垂涎欲滴地看着站在阳光下的马。盖亚眉开眼笑，附和地用力点头："好主意！反正也卖不了几个钱，我们干脆把马杀了吃肉得了！我还没吃过马肉呢！"

大家不约而同地舔了舔嘴唇。马好像知道他们正在打自己的主意似的，示威性地扬了扬马蹄。那耀武扬威的样子，让众人吃马肉的想法瞬间破灭了。

圣弗朗西斯科的街头，再次响起了响亮的声音。

很快，口干舌燥的多罗他们就发现自己还是过于乐观了，那匹马白送竟然也送不出去。路过的人都礼貌地拒绝，说自己不需要马。

多罗泪流满面地说："大哥大姐叔叔阿姨爷爷奶奶们……求求你们可怜可怜我，就收下这匹马吧！"

盖亚也信誓旦旦地说如果有人肯收下他们的马，他愿意免费跳一段独一无二的原始人兽皮裙舞给这人看，说着说着竟然跳了起来。卡罗拉再也不忍心看下去，她捂住了自己的眼睛。

卡罗拉说："上帝呀！我们第一次卖东西，竟然搞成这样！太悲哀了！"

西里毫不气馁的样子："要不，谁肯收下这匹马，我们再给他100英镑？"

多罗和盖亚同时暴跳起来："闭嘴！"

那匹马大摇大摆地在马路中央来回踱步，看起来像在思考很深奥的问题。

筋疲力尽的多罗和多索坐在地上，大口大口地喘着粗气。

西里小心地走过来："我还是觉得先前的那个提议你们可以考虑一下——谁肯收下这匹马，我们再给他100英镑。"

乌拉拉也深表赞同："多罗，你的名言不是这么说的吗？想让一个人变得勇敢，只有两个办法——威胁和利诱。"

多索正想表态，突然看到人群中闪过那个卖马人的身影，于是立即招呼伙伴们一起追了过去。

骗子！把我的英镑还给我！

卖马人脸上依旧挂着貌似憨厚的微笑，不慌不忙地用手指指那匹正在散步的马，说："总的来说，我卖给你的马并不是一匹性格外向的马。相反，它极为沉稳内向，我以前从来没有见它这么活跃过。也许，它现在喜欢扬蹄子，是为了表达对新主人的喜爱。但无论如何，它都是我卖马60年来遇到的性价比最高的一匹马！"

马仿佛在对旧主人的说法表示赞同，仰起脑袋高傲地嘶鸣起来。

涨价和降价

小朋友们对涨价这个词一定不陌生吧？那应该是爸爸妈妈口中经常出现的词语：苹果涨价了，汽油涨价了，大米涨价了……

涨价指的是物价上涨，一般是因供不应求造成的。比如连日暴雨，农民种的蔬菜无法正常运到城里，那么城市里蔬菜的价格就会上涨。等天气晴朗，一切恢复正常，价格自然就会下降。另外原材料涨价导致成本增加，也是商品涨价的原因之一。比如花生收成不好，会导致花生的收购价增加，那么花生油的价格自然也会上涨。在某些情况下，商家会采用涨价来增加本企业的利润。

降价指的是商品本身质量没有问题，商家因为季节变动、供过于求等原因对商品进行降低价格处理，以扩大销售。多索他们几个决定降价把那匹惹不起的马卖出去，是因为商品无人问津，供过于求，所以只能降价。100英镑购买的马，先是降价到80英镑，然后因为还是没有人买，只能继续降价，70英镑、50英镑……

各种商品在不同情况下价格上涨或者下跌，是市场中再正常不过的现象，价格的波动恰恰是市场机制在发挥作用。比如石油需求增加导致价格上涨，它反映了该生产要素的相对短缺性在上升，通过价格上涨使人们做出反应，比如减少消费或开发新技术，从而使价格下跌。

性价比

多索抱怨他们买的那匹马是史上性价比最低的马，小朋友们知道什么是性价比吗？

性价比的全称是"性能价格比"，是商品的质量、性能、配置或服务的范围、水平等与其价格所形成的比率。它反映了单位付出所购得的商品性能，比值越大性价比越高。性价比高，则物超所值，买家可考虑出手。

性价比应该建立在对产品性能要求的基础上，也就是说，先满足性能等要求，再谈价格是否合适。

马的性能是让人骑在上面，充当代步工具。可是这匹马性子特别烈，不允许任何人骑在它的背上。这样的情况下，马作为代步工具的性能根本不存在，性价比都要变成0了，难怪无论怎么降价都卖不出去。

性价比是商品生产、营销和顾客购买所考虑的最重要的指标。追求产品的高性价比，能够更好地满足用户的需求。

在购买商品时，买家将性价比作为重要的考虑因素是十分必要的。相反，只关注价格的低廉往往会忽视性能的不足。

小朋友们一定听过大人们常常念叨的一句俗语"便宜没好货"吧？这句俗语就是提醒我们，不能只关注商品价格是否便宜。但商品并不是越贵越好，买东西时要遵循一个原则：只买对的，不买贵的。

1.以下不属于市场机制发挥作用的是（　　　）。

A.感冒流行时期，人们对板蓝根的需求量增加，板蓝根的价格上涨了几倍

B.夏天，空调的价格普遍比春秋季节高

C.发现某种物品对人体有害，人们购买量减少，价格下跌了

D.某品牌电脑质量好，但价格一直很贵

2.以下关于"便宜没好货"的理解正确的是（　　　）。

A.我们根本买不到性价比高的东西

B.买东西就得买贵的，而且越贵越好

C.一分价钱一分货，花的钱少买到的东西的性能等就没那么好

D.钱花得少就永远买不到好货

3.以下关于性价比的说法正确的是（　　　）。

A.企业对产品的性价比追求越高，产品会越好卖

B.性价比是指价格和性能的比例，性价比越高表明越物超所值

C.货比三家对买到性价比高的东西没任何帮助

D.产品如果连性能都没有，就根本谈不上性价比

4.你有没有遇到过某种产品大降价或大涨价的时候？如果有，请举出例子并用市场机制和价格的关系来谈谈其中的原因。

第三章
自告奋勇的向导

盖亚大叫起来："快跑啊！还等什么！不用倒贴100英镑，就能把这匹魔鬼马还给那个骗子，还有比这更好的方法吗？"

一时间大家都没反应过来，稀里糊涂地跟着率先冲出去的盖亚跑了起来，直到跑出很远才觉得哪里不太对劲。

此时多罗和西里的肚子一齐咕噜咕噜叫了起来，大家这才记起从昨天晚上开始就没吃过东西，因为根本找不到地方去买。刚才又以百米冲刺的速度一通狂奔，此刻大家已经饿得两腿发软。不过让他们高兴的是旁边不远处就有家杂货店。

多罗愁眉苦脸地摸出口袋里最后一张英镑："我们只有这么点儿现金了……"

卡萝莉一把夺过那张英镑，走到杂货店前，用手指了指最普通的一种面包询问起价格。

杂货店老板正坐在沙发上飞快地嗑着瓜子："80美分。"

卡萝莉简直不敢相信自己的耳朵："多……多少？"

杂货店的老板高傲地用手指了指后面的价格牌，只见上面清清楚楚地标着一块面包80美分。想起在玫瑰镇这种面包不过5美分左右，卡萝莉目瞪口呆。

看到卡萝莉他们几个不解的目光，老板耸耸肩，又指指另一块牌子。

　　大家伸长脖子，只见那上面写着："别跟我抱怨！现在是淘金热期间，从世界各地蜂拥而来的人不断增加，使得衣、食、住等生活物资供应陡然紧张，远远不能满足大家的需求，物价飞涨是没有办法的事情！原先一块只要15美元的地皮，现在价格已经上涨到8000美元。比起地皮，面包价格涨了这么一点点，你还抱怨什么？"

　　多索他们震惊得彻底说不出话来了。

　　老板耸耸肩说："我倒有个建议——很多工人选择将衣服用轮船送到夏威夷去洗，然后再运回来。要不你们跟着轮船去夏威夷吃饱了再回来？"

难怪上午遇到的那个当地人说还有比淘金更舒适更赚钱的方法……

能不能给小朋友一个折扣……我的要求不过分，一折就行！

不能！我对谁都一视同仁！

这位老板的反应也太夸张了吧？如果给个一折的折扣，80美分就变成了72美分，也没便宜多少啊……

你的大脑严重缺电了，一看就知道上课时爱睡觉，对不对？！

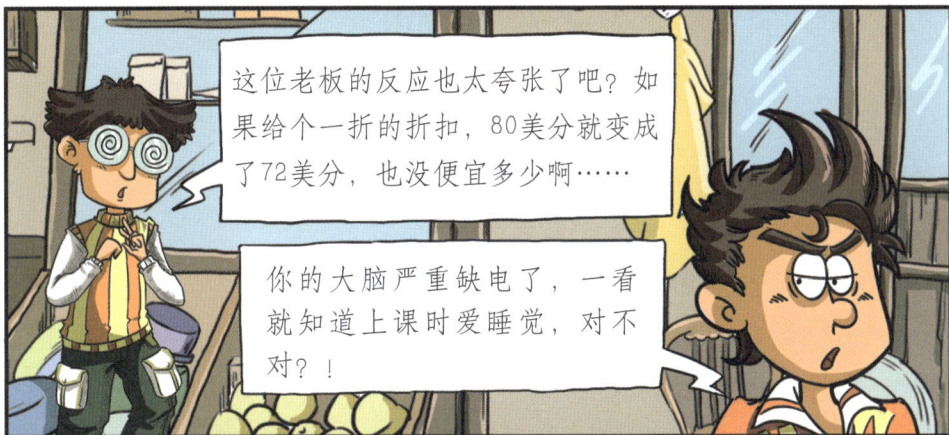

西里委屈地眨巴着清澈的大眼睛。他实在想不明白，自己到底错在哪里？怎么得到这么低的评价？呜呜呜，太伤自尊了！

买不起面包的多索他们只好继续向前走去。沿途他们看到成千上万的人争先恐后地向传说中的金矿地奔去，去寻找自己的好运气。海岸边的弃船无声地抗议着，密密麻麻的桅杆宛如森林，有些船被拖上岸做了仓库。

卡萝莉捂着肚子说："我饿得实在走不动了。我看我们还是找个当地人做向导吧，问问哪里能买到最便宜的面包。"

她话音刚落，一个自称约翰的人就跑上前来自我推荐。他激动地向库奥张开臂膀，显得无比亲热，像是见到多年未见的亲人，看得大家很是纳闷。

库奥用胳膊挡住他，敏捷地向后退去："我们有这么熟吗？"

约翰紧接着又热烈地拥抱多索，然后是西里、卡罗拉、卡萝莉……轮到盖亚时，他仿佛被火炉烫到了，收回了准备拥抱的手臂，用受到惊吓的表情打量着盖亚的兽皮裙："你们一……一起的？可是你看起来好老。"

你才看起来好老，有90岁的样子！不，500岁的样子！

哈哈，那他一定是从坟墓里爬出来的怪物！

约翰尴尬地想去拥抱乌拉拉，却愕然地发现这位比刚才穿兽皮裙的那位还要吓人，竟然是只小猴子。他倒吸一口冷气，赶紧缩回手臂。

你们来淘金怎么还带只猴子？多不方便啊！

你才是猴子！我是精灵，精灵！

约翰万万没想到眼前的小猴子竟然会说话，吓得腿一哆嗦，差点儿摔倒，好半天才挤出一点儿笑容，冲着乌拉拉热情地伸出了手："嗨……可爱的猴……不，可爱的精灵。"

此时一直默不作声的鹦鹉金刚突然叫了起来："叫爸爸！叫爸爸！"

多罗和盖亚不满地瞪了鹦鹉一眼，心想刚才我们叫卖魔鬼马，把喉咙都喊哑了的时候，你怎么不帮忙？鹦鹉根本不理会他们，扑扇着翅膀在半空飞翔，目标明确地对准约翰。

约翰呆呆地看着在空中飞翔的鹦鹉，大脑一时间停止了思考，好不容易才缓过神来："怎么又是猴子又是鹦鹉的？哇，我明白了！你们是马戏团的！"

一提到马戏团，约翰立即两眼冒光，滔滔不绝地聊了起来，更准确地说是演讲，因为多索他们没有机会开口说话。因为那个约翰好像十几年没说过话一样，啰里啰嗦说个不停，几个人连一句话都插不上，只能望着他不断上下翻动的嘴唇，时不时擦擦那四处横飞的不小心落到自己脸上的唾沫。

好不容易等到他说得口干舌燥略作停顿，卡萝莉才有机会插一句嘴："也许请一个看起来比较强壮勤劳的当地向导也不错。不过，请一个如此聒噪的向导是否合适？"

约翰见几个小朋友还在犹豫，连忙伸出三个手指："我的工资可以打个折扣……我一天只吃两顿饭就可以了，那么4美元差不多就够了。先生们、小姐们，只要4美元你们就能请到一个无比尽职而又充满才华的向导，何乐而不为呢？"

盖亚挠挠头："他是不是数学不太好？"

约翰像是溺水之人抓到浮木般激动："赞美万能的主啊，你们是多么可爱多么善良多么聪明的小孩呀！你们一定不会后悔，一定会觉得雇佣我是你们人生中最最正确的决定……"

砍价和讨价还价

小朋友们有没有像多罗他们那样买过东西?

在杂货店里,老板说一个面包80美分,卡罗拉他们大为不满。多罗自告奋勇,向老板要求"便宜点呗",就是砍价。

砍价指的是买东西时买方要求卖方在原有价格上降低一部分,以达到自己满意的价位。价格是价值的反映,当销售价格高于买方期望价格时,就会发生砍价行为。

而杂货店老板激动地表示不可能降价,买卖双方就是在讨价还价。讨价还价指在买卖东西或谈判时双方对所提条件斤斤计较,反复争论。讨价特指卖方向买方报价,期望对方可以以这个报价购入商品。还价是指买方针对卖方的报价做出的反应性报价。后来卡萝莉要求杂货店老板给一个一折的价格,就是在还价。

折扣

卡萝莉央求杂货店老板给小朋友一个折扣，一折就行，杂货店老板很气恼。西里觉得杂货店老板的反应太夸张了，面包原价是80美分，如果一折就变成了72美分，也没便宜多少。小朋友，你们说西里的算法对不对？要搞清楚这个问题，首先得认识一下什么是折扣。

折扣是商品购销中的让利，发生在购销双方当事人之间，是卖方给买方的价格优惠。买卖货物时按原价的百分比计算，打几折就是现价是原价的百分之几十，几几折就是现价是原价的百分之几十几。比如打九折，就是现价是原价的90%。

小朋友现在明白杂货店老板为什么如此反应了吧？原价80美分的面包，如果享受一折的折扣，那么价格就变成了8美分。而西里算出的72美分，是享受九折的价格。而原价与现价之间的差额与原价的比率，就叫折扣率。比如面包原价80美分，按九折算是72美分，那么（80-72）÷80×100%=10%，这个10%就是折扣率。

正确运用折扣率，有利于调动买方的积极性，扩大卖方的销路。因为杂货店老板坚持不肯给折扣，多索他们几个最后没有从他那里购买面包。

1.用"讨价""还价""砍价"填空。

卡罗拉去商场买衣服，看中了一款裙子后，销售人员告诉她这款裙子要120元，卡罗拉说"便宜点吧"，这是卡罗拉的（　　　）行为。销售人员说，可以110元卖给她，这是销售人员的（　　　）行为。卡罗拉觉得还太高，说可不可以100元卖给她，这是卡罗拉的（　　　）行为。

2.以下关于折扣的说法正确的是（　　　）。

　A.折扣越高东西越便宜，所以，同一物品打九折时比打一折时便宜

　B.折扣是按原价的百分比计算的，打几折就是现价是原价的百分之几十

　C.原价为100元的东西打八折，意味着还剩下二折，那么现在的售价是20元

　D.商品打折是为了促销，让产品更快卖出去

3.以下关于折扣率的说法正确的是（　　　）。

　A.打九折的折扣率比打一折的折扣率高

　B.折扣率越高，价格越高

　C.折扣率越低，价格越低

　D.折扣率越高表明商家给顾客让利越多

第四章
免费的食物

大家只觉得脑袋嗡嗡直响，仿佛有一千只鸭子在耳畔叽叽呱呱。库奥实在忍受不了了，大声打断了他，说："约翰先生，我想你现在要做的是履行向导的职责，而不是继续自我赞美。请马上闭嘴，否则你会成为有史以来最快被解聘的向导！"

　　约翰立即把已经跑到嘴边的话硬生生地憋了回去，捂着嘴巴惊恐地看着大家，那滑稽的样子惹得大家忍不住哄笑起来。盖亚亲热地跑上前拍拍约翰的肩膀，一副"你已经是我们自己人"的样子。

卡罗拉却若有所思地暗暗打量着约翰，心中疑惑这个人为什么肯在那么低酬劳的情况下，自告奋勇做他们的向导。

难道，他有什么不可告人的目的？

这位到底是对乌拉拉感兴趣呢，还是对盖亚，或者是对鹦鹉金刚感兴趣？

对盖亚感兴趣的可能性不大吧，难道骗他回去管饭吃？你要知道，他一个人的饭量可是我们几个饭量的总和！所以，对乌拉拉和金刚别有用心的可能性比较大……

　　在约翰的带领下，大家很快来到了一条小河边，河水在阳光下闪烁着耀眼的光芒，仿佛在迎接他们的到来。

在一条浅溪的河床上，盖亚率先发现了一片金黄色，他怪叫着冲向河水，无比激动地从水中捞起一把沙子，手舞足蹈起来。

金子！到处都是金子！

呀，快下河淘金！不过，我们没有工具啊！

没有工具，没有工具……

喂！你们动脑筋想一想，这条河的位置如此明显，如果这里到处都是金子，怎么会没有人过来淘金呢？所以这应该只是一种普通的金色沙子而已。

约翰很想在"金色的不一定是金子"这个问题上继续发表自己的高见，多索他们几个却不耐烦他的聒噪，他刚吐出一个词就被打断，正深感郁闷，突然听到卡罗拉在对他说话："约翰先生，你带我们来这里做什么？我们不是要去寻找便宜面包吗？"

圣弗朗西斯科怎么可能有便宜的面包？以我专业的眼光来看，你们几个的消费能力和消费水平应该很一般，所以口袋里的钱要节约着花。不就是想找东西吃吗？那可要好好研究最大效用理论，找到价格比面包便宜而且一样可以填饱肚子的食物……

消费能力和消费水平？最大效用理论？什么乱七八糟的，我听不懂！喂，拜托，你能不能用人类的语言说话！

约翰气得满脸通红，刚想嘲讽盖亚的无知，多索和卡罗拉不耐烦地打断了他，让他直接告诉大家符合最大效用理论的食物是什么。

约翰一脸得意："瞧，这水里又肥又鲜美的鱼儿正在呼唤我们，这可是完全免费的！"

库奥瞪他一眼说：“那好，你现在立即下河去捉几条上来！”

约翰摊摊手：“我想我需要强调一下，我是阁下请来的向导，只负责带路，并不管下河捉鱼这样的小事……”

看到库奥、多罗、盖亚正在生气地看着他，他只好硬生生地把剩下的话憋进了肚子，又因为超级郁闷涨得满脸通红。多索他们几个忍不住哈哈大笑起来。

西里自告奋勇跳进水里，那些鱼儿却四处逃窜，很快没了踪影。多索也如法炮制，一条条鱼儿也擦着他的掌心灵活地游走了。

卡罗拉推推盖亚：“喂，你们原始人应该最擅长抓鱼！”

盖亚做恐怖状：“我不会游泳！”卡罗拉看看只到西里膝盖的河水，一脸鄙夷。

这么浅的水，不会游泳有关系吗？

喂！库奥，还不下去帮忙？你不是整天吹嘘自己武功高强吗？考验你的时候到了！

我来抓，你们有口福啦！

库奥敏捷地跳下河伸手去抓鱼，不料鱼居然一点儿也不害怕人，嗖地一下蹿出水面，朝着库奥的左手咬过来。库奥吃了一惊，连忙甩开左手，右手趁机去抓大鱼。还算幸运，大鱼被他抓住了。只是大鱼不停地扭来扭去，库奥坚持不住，扑通一下摔进了水里。

哇，今天可算见识了你的功夫啦！

库奥不服气，从河岸边捡起一根粗木棍，在河水里一阵乱敲乱打。不过几分钟，十几条鱼便翻着白肚皮浮出水面。

多索和多罗架起树枝，在火焰的烘烤下，一阵阵扑鼻的鱼香四溢开来。大家狼吞虎咽地吃起来。

约翰舔舔嘴唇："喂，除了盖亚，我们的团队里还有个成年的绅士呢！给我留一条最大的，我也饿着肚子呢！"

没等大家表态，约翰已经毫不客气地扑到火堆前，迫不及待地吃起来，直到撑得直不起腰来，才意犹未尽地抹了抹嘴，准备把因为吃饭没来得及说的话加倍补回来："哦，感谢上帝。亲爱的多罗，亲爱的多索，亲爱的库奥……你们的热情款待，将会赢得一位绅士最忠诚的友谊！"

乌拉拉听得直哆嗦，心想这位怎么比自己还多话，脸皮厚度也更胜一筹。

库奥赶紧打断了他："约翰，我想你不说话的时候更像真正的绅士。"

消费能力和消费水平

　　约翰说以他专业的眼光判断，多索他们几个的消费能力和消费水平应该很一般，所以口袋里的钱要节约着花。盖亚对消费能力和消费水平这样的词语很困惑，根本听不懂约翰在说什么。小朋友们是不是也想知道什么是消费能力和消费水平？

　　我们所说的消费，一般指个人消费，是指人们为了满足自身需要而对各种物质产品、精神产品的消耗。消费能力是指消费者对所需消费品和劳务的货币支付能力，也就是对物品花费钱币的能力。多索他们几个只是孩子，而且身上的钱也所剩无几，没有什么购买能力，所以消费能力很低。消费水平可以用消费品的实物量和劳务量来衡量，也可以用获取消费品和劳务的货币支出来衡量。合理的消费水平必须同本国的物质生产发展的水平相适应，还必须防止浪费，有利于消费者的身心健康。

　　不同地域人们消费的特点也不同，比如商业区人流量大，消费水平也高。工业区多为工厂管理者及打工一族，消费总量大，消费水平较低。比如我们经常在建筑工地附近看到很多打工者一般只会买几块钱一碗的面食，或者是那种米饭免费的几块钱的大锅菜。他们的消费水平比起那些经常在商业区高档饭店就餐的高级白领总体要低一些。

最大效用理论

约翰说要好好研究最大效用理论，找到价格比面包便宜而且一样可以吃饱的食物。他建议去抓水里又肥又鲜美的鱼儿，因为它们是完全免费的。

我们每个人口袋里的钱都是有限的，即使像比尔·盖茨或者沃伦·巴菲特这样的超级富豪，也要受到金钱有限的约束。因此如何花好手中的每一元钱甚至每一分钱，就成了我们生活中应该思索的。这也体现了经济学上的最大效用理论。

上街或者在网上买东西的时候，我们通常都要比较半天，这就是人们常说的"货比三家"。针对两种或两种以上的商品，而且它们往往还具有相互替代性时，我们更会反复比较，看哪一种商品能给我们带来最大的实惠，也就是我们常说的"花最少的钱买最满意的东西"。

举个例子，小朋友们想喝饮料，可以选择橙汁、可口可乐、雪碧等中的任意一种，自然就要看怎么买可以带来最大的实惠，比如哪家超市正在搞特价或者促销，就可以优先考虑哪家。

1.以下关于消费能力的说法正确的是（　　　）。

   A.小华比小丽的零花钱多，小华的消费能力比小丽的弱

   B.小红爸妈一年的工资总和是小芳爸妈的一半，小红家的消费能力没有小芳家强

   C.白领的消费水平比打工者低

   D.打工者消费水平比白领低

2.以下关于消费的说法正确的是（　　　）。

   A.消费指的是为满足自身需要的饮食方面的消耗

   B.小红购买图书不属于消费

   C.小芳的书是在打折的时候买的，所以不属于消费

   D.消费包括对各种物质产品和精神产品的消耗

3.以下关于最大效用原则的说法不正确的是（　　　）。

   A.卡罗拉渴了，买一瓶橙汁要3元，买一瓶矿泉水只要1.5元，她选择了购买矿泉水。卡罗拉利用了最大效用理论

   B.最大效用理论发生在具有相互替代性的两种或两种以上的商品之间

   C.去买东西的时候，"货比三家"的行为也属于利用最大效用理论

   D.买什么东西都选择贵的，这种行为属于利用最大效用理论

第五章
疯狂的圣弗朗西斯科

约翰合掌做祈祷状："激动人心的时刻就要到来了。你们准备好了吗？我有必要强调一下，向导的工作中很重要的一点，就是管着你们所有人的钱……"

多索他们挤挤眼睛，一齐把口袋往外翻给约翰看，多罗把最后那张英镑小心地藏好，露出空空的口袋。

约翰不满地嘀咕了一声："我真够倒霉的！"

库奥握紧拳头："我有必要强调一下，你如果不能尽快带我们找到金矿，就要失业了。"

  大家向着人流多的地方走去，很快来到一个河谷。河谷里早已扎了许许多多五颜六色的帐篷，到处是三五成群拿着淘金盆的人，远看简直就是一个大工地。

  人人都在谈论那些因为淘金一夜暴富的奇迹。乌拉拉踢踢脚下的泥沙和鹅卵石，有些难以置信地说："这沙里真的能淘出金子？"

  约翰翻个白眼，径直走到河边蹲下，用他唯一的工具——一个有些破损的淘金盆取了些沙土，放在水里贴着水面轻轻晃动起来，然后他轻轻拨开盆里留下的一堆沙子，露出了几粒黄澄澄的沙子。

多索和卡罗拉他们几个差点儿惊叫起来。努力保持风度的库奥也两眼冒光，抢过淘金盆看了半晌还不舍得放下，忍不住把金沙捏出来左看右看。

多罗怪叫起来："如果我不会和其他人一起发疯的话，我要么是超人，要么就是傻瓜！"

乌拉拉大口喘着粗气："作为精灵，我此刻感觉……我要向你投降了，亲爱的金子！"

库奥呻吟一声："面对如此要命的诱惑，我这个君子也顶不住了……"

还等什么？赶紧买盆去呀！

大家双眼冒光，以最快的速度冲向旁边一个卖淘金盆的摊位。听着卖家喊出的天价，多罗想着他们仅存最后一张英镑，心疼地跺了跺脚。

这是购置成本，是为了淘到金子必须付出的代价。我的盆也是在这里买的，不过该修一下了。老板，赶紧给我提供最优质的售后服务吧！

漫天要价！可恶！

卖家苦着脸不情愿地修补起约翰的盆，赞美约翰真能算计，买个盆还要售后服务。他开玩笑地建议多罗：为了更省钱，他干脆不用淘金盆，直接徒手淘金子好啦！

赶紧修吧！修得结实点儿！如果再用坏了，我还会来找你要求提供售后服务的！

售后服务的意思，是不是就是如果买来的东西坏了，卖家要负责维修，而且是免费的？天哪！太体贴了！

大家拿着淘金盆跑到河岸边，随意找了一个地方蹲下。一阵忙碌之后，众人的淘金盆里便不时可以看到黄澄澄的金子粒。

"你们不诚实，竟然有钱不交给向导。我很受伤……"

约翰的嘴巴又开始闲不住了，不过因为接下来说出的内容是大家都爱听的，所以谁也没有打断他。

算了，我不跟你们一般见识……由于金沙在地表层，所以只要用一个普通的盆，就可以从沙里淘洗出黄金。不过，用盆淘金效率很低，我们这么多人，干脆一起动手做个溜槽。

看到大家费解的目光，约翰指了指旁边的一组淘金人。只见他们在河岸上架了一个溜槽，溜槽一头高一头低，底部是粗树枝做的木排。其中一个人将含有金沙的沙土倒在上面的木排上，用水去冲，沙土从木排上流过，泥沙随水流走，而金子因为比重大，便沉到木排的缝隙里。

哦，是传说中的溜槽取金……

约翰一愣："咦，你懂得还挺多的。"

之后的几天，又有许多淘金客陆续来到。多索他们很快发现了规律：这些淘金客大多按地域和亲缘分成了不同帮派，各自占据一两个地盘，有时为了争抢一个出金多的矿点，还会爆发争斗。

那些战败的人被打得头破血流，可是为了节约时间继续淘金，竟然若无其事地接着端起淘金盆又去干活儿。

卡萝莉惊恐地说："天哪！太野蛮了！万一我们淘到金子，有人来跟我们抢夺怎么办？"

盖亚拍拍胸脯："有我这个神箭手在这里，你们有什么可担心的？"

有你在，我们才更担心呢！

　　盖亚的射箭水平可是个传奇。可以用西里的话说明：他即使射不中本来瞄准好的东西，也总可以打中点别的什么。

　　此话千真万确。

　　在宋小聪家的厨房里，盖亚用他的弓箭瞄准吊在半空的腊肉准备射击，却射中了距离厨房十几米之遥的宋府院墙外的一只公鸡。那公鸡的主人抱着只剩下半条命的公鸡跑进宋府，让盖亚无论如何也得把受重伤的公鸡买下来，因为它看起来再也无法胜任打鸣报时的重任了。

本来大家只是想很低调地吃顿腊肉炒竹笋，结果就因为盖亚这不可思议的神箭手技术，最后变成宋小聪大张旗鼓地请大家吃公鸡炖土豆。

宋小聪的兴奋可以理解，你想想，本来是瞄准厨房里的腊肉，那箭却不可思议地穿越了十几米外的数米高的院墙，准确无误地射中一只正跑着的公鸡，这是一种多么了不起的神技！

最后的结局是，整个宋府上上下下一百多个人，没有一个不知道他们想偷厨房腊肉的"壮举"。

有这么一位"神箭手"做保镖，大家能安心睡着觉才怪。

约翰宣布多索淘金小分队正式成立，大家开始合作搞起了溜槽取金。

这是个重体力活儿，除了要不断往木排里冲水，过不多久还要起一次槽子，把那些仍然混有部分泥沙的沉淀物取出来，放在盆里继续摇晃淘洗。沙子越冲越少，最后剩下的很小很小的一撮，就是金子。

多罗不满地抗议："为什么把最枯燥最费力的端水工作交给我和西里，约翰你却做最容易的淘洗工作？淘洗金子看起来就跟淘米似的，乌拉拉都能干得了！"

约翰满脸骄傲："请专业一点儿好不好？这叫摇金斗子，可是个技术活儿！"

多罗不服气地抢过淘金盆来，却很快发现摇金斗子看着容易做着难，累得腰酸背疼不说，一不小心还会把金子全冲到河里，心疼得那几位直瞪他，吓得多罗赶紧放弃。

淘金人都是干苦力的，只有傻瓜才去干。我们还是别继续了……我发誓，我这么建议是出于我们深厚的友谊。

你是不想干活儿又想分金子吧？

乌拉拉嘿嘿一笑："看透不说透，还是好朋友。你说那么明白干吗？"

盖亚忽然惊喜地蹦了起来："我有个好办法！既不用花力气，又可以赚大钱！"

大家停下手中的活儿，用期待的目光盯着他们的神箭手。只见盖亚压低声音，表情异常神秘，唯恐被旁边的淘金人听见。

我觉得不如做点假金子……

这可是违法的事儿！

嘿，我说伙计们，你们叽叽歪歪什么？淘金客不就是一群冒险者吗，只要有金沙，别说出这么点儿力气，如果需要，我可以把生命拿出来！

你不用做这么大的牺牲……生命还是自己留着吧！

约翰嘿嘿一笑，把金子小心地挑出来放在手心里托了托说："足足有20克了，今天收获不错！感谢发现金矿的马歇尔！"

马歇尔是谁？你们的部落长吗？

购置成本

购置是指购买自己需要的物品，多指添置能够长期使用的器物。而购置成本是指为购买这件商品付出的相关费用，一般是产品本身的价值加上相关杂费，比如运输费、装修费、搬运费、保险费等。

多索他们想要从泥沙中淘出金子必须购买淘金盆，买盆所花的钱就是购置成本。这种情况下购置成本计算起来比较简单，即买淘金盆本身花了多少钱，盆的购置成本就是多少。在购买其他商品时，购置成本可能不仅仅是买这件商品所花的钱。比如购置一辆轿车，购置成本除了轿车本身的售价，还需要加上车辆购置税、挂牌费等相关费用。再比如通过网络购置一部学习机，除了学习机本身的售价，购置成本还需要加上相应的运费。而购买大件家具，除了家具本身的售价、运输费等，可能还要支付装卸费。

售后服务

约翰把已经用破的淘金盆交给卖家，要求他提供售后服务。卖家苦着脸不情愿地修补起淘金盆来，盖亚看后不敢相信，觉得卖家真是太体贴了。

一般企业都会对售出的商品制定一个免费维修的范围和期限，如果超出免费维修的范围或期限，消费者就得另外支付修理费用。本文中如果卖家在售出淘金盆时和约翰约定淘金盆是可以终身免费维修的话，淘金盆就可以终身免费维修。但实际上淘金盆是易耗品，卖家是不会和消费者约定终身免费维修的。

售后服务是指生产企业、经销商把产品（或服务）销售给消费者之后，为消费者提供的一系列服务。免费维修只是售后服务的一部分。

在市场激烈竞争的今天，消费者在选购产品时，不仅会注意到产品实体本身，在同类产品的质量和性能相似的情况下，更加重视产品的售后服务。售后服务的主要内容有：代为安装、调试产品；进行有关使用等方面的技术指导；保证维修零配件的供应；负责维修服务；对产品实行"三包"，即包修、包换、包退；等等。

1.以下关于购置成本的说法正确的是（　　）。

　　A.你买东西花了多少钱，这些钱就是这个东西的购置成本

　　B.买车需要交购置税，这不属于购置成本的项目

　　C.所有东西的购置成本都要加上运费和安装费

　　D.不是所有东西的购置成本都包含安装费

2.以下购买者的要求属于售后服务范围的是（　　）。

　　A.小张购买了一张福利彩票，没有中奖，他跑去卖彩票的地方要求换一张

　　B.小红买了最新出的冰淇淋，吃完之后，发现跟之前的味道不一样，要求商家再给她一个

　　C.小芳家已经看了10年的电视坏了，妈妈让厂家免费修理

　　D.小美家新买的热水器坏了，爸爸让厂家维修人员上门来修理

3.以下关于售后服务的说法正确的是（　　）。

　　A.售后服务指的就是买到的物品无论用了多少年坏了都可以去找商家换

　　B.小美的手机在保修期内坏了，手机售后服务中心帮她修好了，这属于手机的售后服务

　　C.所有产品的售后服务的内容是一样的

　　D.售后服务对购买者一点用处都没有

第六章
野蛮人的选择

约翰翻了个白眼："部落长？你电影看多了吧？圣弗朗西斯科的金矿就是马歇尔发现的……对了，你们这些新手千万别得意忘形，不管谁问你一天能淘多少金子，都不准说实话！这是原则问题！"

忙碌了一天的多索淘金小分队准备休息了。在又一次饱食了免费的烤鱼后，在越来越浓的暮色中，众人全神贯注地盯着叮在自己手臂上的蚊子，骇然变色。

卡萝莉惊呼："这么大个头的蚊子？！简直是蚊子里的巨无霸！"

约翰无奈地摇摇头，把一只手慢慢抬起，在他的手快接近蚊子的时候，突然发起攻击。

70

库奥耸耸肩说："晚餐吃太多了，力气明显过剩。你这一击简直可以打死一头牛了！"

约翰丝毫不受影响，带着一种很满足的神情，继续进攻前来送死的蚊子，而且百发百中。

哇，约翰，你好厉害！我们部落也经常被蚊子光顾，如果每个人都有你这样的本领，估计蚊子们早就远远躲开了。

打蚊子可是个技术活儿，你听好了……

这下可麻烦了，约翰立即滔滔不绝地开始了新一轮的演讲，直到夜深人静，还是丝毫没有停下来的意思。盖亚听得瞠目结舌，无比后悔提起打蚊子这个话题。

等约翰稍作停顿时，卡罗拉和卡萝莉大大地松了口气，以为约翰终于可以结束演讲了，却很快发现她们太乐观了。

约翰喝了口水润润嗓子，唾沫星子继续飞舞："不过你们不要以为我随随便便对任何人都这么亲热，我向来安静沉稳，只有遇到和我一样高

素质的绅士和公主，我才会如此掏心掏肺。以后你们会发现，你们真是走了大运，几乎白捡了个超级伟大的向导，而且会发现我是个极好相处的真绅士……"

这一夜，大家不约而同梦见了一万只鸭子，在耳边不停地叽叽呱呱，以至于早晨起床的时候，几个人个个都头昏脑涨。

不过这种感觉很快就烟消云散，因为收购黄金的人来这里了。

在神箭手盖亚的保护下，多索他们忐忑不安地看着排成长队的人群，激动不已地走到买家面前。买家拿出天平，开始称量起金子。金子放在天平一头，另一头放的却不是砝码，而是一张张的美元，那种场面太有视觉冲击力了，搞得人心跳明显加快，看得多索淘金小分队的成员目瞪口呆。

喂，书呆子，这么个称量法是什么概念？一克黄金相当于多少美元？

可能昨晚睡太晚了，我大脑里计算数学的细胞还没醒过来呢。卡罗拉，我们亲爱的数学天才，你来回答这个问题吧！

乌拉拉揉揉眼睛说："昨晚睡太晚？凌晨才躺下好不好，而且还很快被约翰摇醒……卡罗拉，你快告诉我们答案呀！"

我也没称量过100美元重几克呀！那我们到底是卖还是不卖呢？

约翰很神秘地把大家拽到一边，告诉他们一定要考虑好卖还是不卖。这可是牵扯到机会成本的大事，如果在这里就把黄金卖掉，就等于放弃了其他机会——比如把黄金带回自己的故乡再卖，或者找人制作成精美的首饰再出手……说不定那样做，比起在这里卖掉黄金可以赚到更多的钱。

那么多人都选择了卖掉黄金……
大家共同的选择一定没错！

盖亚早把保镖神圣的职责抛到了脑后，凑到天平前，嘴里还不住嘟囔着。他已经郑重做了决定，卖掉自己淘来的黄金，换来一堆厚厚的美元。

美元啊美元，我爱你胜过
爱羽毛！不，胜过爱我们
的部落长和女巫！

乌拉拉脑海里闪现出盖亚部落里的女巫那副龇着一口大黄牙冲自己扑来的样子，不由得打了个冷战："这比喻太不恰当了！"

无知的原始人啊，别高兴得太早！
大家共同的选择一定没错？哼，那
是因为你不懂什么是羊群效应！

多索和卡罗拉选择把黄金留下，随身携带。约翰赞许地看着多索和卡罗拉，夸赞他们有头脑，不像盖亚，就知道学羊群盲目从众，大多数人怎么做他就怎么做。

一个礼拜过去了，卡萝莉、多罗和盖亚几个已经积攒了厚厚的一大沓美元，常常会从睡梦中笑醒，而乌拉拉睡着后手舞足蹈的幅度更大了，已经揪掉了西里不少头发。

由于美元随身携带不方便，多罗、库奥、西里和卡萝莉干脆找了个袋子把美元装进去，然后各自找个隐蔽的地方藏起来。而盖亚则把美元放在自己的兽皮裙口袋里，说这样感觉无比甜蜜和踏实。

又一天的清晨，天空呈现出不正常的颜色。大家在河边撅着屁股奋力淘金，根本没注意到天空的反常。

乌拉拉乌拉拉，黄金黄金我爱你！乌拉拉乌拉拉，乌拉拉乌拉拉，发财啦！

大家突然听到惊恐的喊声，原来是上游遭遇暴雨，山洪暴发，水流已经到了他们所在的河谷。淘金客们每年在这里辛勤工作，沿河留下不少大坑，如今暴雨涨水，根本看不出大坑在哪里，慌不择路的情况下，很容易陷落进去。

山洪暴发啦！快逃啊……

多索看看湍急的水流，知道他们双腿的速度再快，也不可能跑过洪水。正好前面有几棵大树，多索有了主意："大家快上树！"

其他几个人显然也意识到了这点，各自转身抱住离自己最近的树，噌噌几下就蹿了上去。

只有西里傻眼了。他身边树倒是有一棵，可树干下端的部分是光溜溜的，没有地方可以落脚。加上西里爬树的技术实在让人不敢恭维，他笨手笨脚地试了好几次，都是上一步退三步。

> 狗急了还能跳墙呢，我一个大活人在危急时刻怎么连棵树都爬不上去？！

多索从旁边的树上跳了下来，托着西里的屁股往上举。西里使出全身的力气，终于勉强往上蹿了几米，抓住了最下边的树杈。

也不知道过了多久，洪水终于退去，多罗他们一看，自己住的帐篷早没了踪影，盖亚在慌乱中把口袋里的美元也弄丢了。而多罗和库奥他们在满地狼藉的地面上挖了很久，也没有找到他们埋藏的装有钱的袋子。

卡萝莉不能接受现实，又找了好久，还是一无所获。她难过得号啕大哭起来，四周其他淘金者哭泣的声音也此起彼伏。

看到大家垂头丧气的样子，多索挥了挥拳头，给大家打气。

不要灰心！黄金会有的！卖了黄金，美元也会有的！

多罗叹了口气："多索，我很佩服你乐观的性格，但是你要搞清楚，那可是我的钱啊……我哪里像你和卡罗拉那么有主意，当初坚决不卖黄金。你们的黄金不怕洪水，此刻还好好躺在口袋里呢！"

一直沉默的鹦鹉金刚，一点儿也不理解多罗他们几个此刻的心情，得意地飞到最高的树枝上。

羊群效应！
羊群效应！

大家哭笑不得。洪水过后，河水里的金沙几乎都被厚厚的泥沙掩埋了，想再用盆淘金几乎是不可能的了。无奈之下，大家只好决定前往金矿打工。

卡萝莉又累又难过，干脆抓住不知道从哪里跑来躲避洪水的一匹老马的尾巴，跟着它往前走。

机会成本

约翰很神秘地把大家拽到一边，告诉他们一定要考虑好黄金卖还是不卖，这可是牵扯到机会成本的大事。小朋友知道约翰说的机会成本是什么意思吗？

机会成本是指做一个选择后所丧失的不做该选择而可能获得的最大利益。简单地讲，就是把一定资源投入某一用途后所放弃的在其他用途中所能获得的利益。

比如多索和卡罗拉，如果在圣弗朗西斯科就把黄金卖掉，就等于放弃了其他机会——比如把黄金带回自己的故乡再卖，或者找人制作成精美的首饰再出手……

任何决策，都必须做出一定的选择，被舍弃掉的选择中的最高价值即是这次决策的机会成本。注意，放弃的机会中收益最高的项目才是机会成本。

比如某个农民只能在养猪、养鸡和养牛中选择一种，如果三者的收益为养牛可以获得9万元，养猪可以获得7万元，养鸡可以获得6万元，也就是养牛收益>养猪收益>养鸡收益，那么选择养猪和养鸡的机会成本都是9万元，而选择养牛的机会成本为7万元。

羊群效应

盖亚做出了卖黄金的决定，他认为大多数人都这么做了，大家共同的选择一定没错。约翰却对盖亚的想法嗤之以鼻，嘲讽原始人不懂什么是羊群效应。

小朋友们是不是也对羊群效应这个名字很好奇？

羊群效应指追随大众的想法、行为，自己缺乏主见的状态。在投资的时候，是指投资者随波逐流、追涨杀跌的心理特征。

羊群是很散乱的，平时在一起也是盲目地左冲右撞，但一旦头羊动起来，其他的羊会不假思索地一哄而上，全然不顾前面可能有狼或者不远处有更好的草。因此，"羊群效应"就是比喻从众和跟风心理，这样的盲从往往会导致失败。

盖亚和多罗他们几个很快就尝到了卖黄金的苦果：洪水突然来袭，盖亚口袋里卖黄金得来的美元弄丢了；多罗和库奥他们装美元的袋子也不知道被洪水冲到哪里去了。

多索和卡罗拉因为当初坚持自己的意见，没有跟随大家卖掉黄金，避免了损失。

1.以下关于机会成本的说法正确的是（　　　）。

  A.机会成本就是你选择了将资源投入某种用途后获得的收益

  B.机会成本是你放弃了将资源投入某种用途从而丧失的所能获得的利益

  C.杜老板在两个投资项目中，选择了第2个项目，结果赚了5万元，那么这5万元就是杜老板选择第1个项目的机会成本

  D.我们做决策时不需要考虑机会成本

2.以下行为不属于羊群效应的是（　　　）。

  A.商场打折了，大家疯抢商品，虽然小丽已经有一个卷笔刀了，她还是跟着大家买了一个

  B.同学们都在报名参加培训，我也去报了名

  C.小芳经过慎重考虑和对比，买了一本便宜又好用的同学录

  D.小华见同学们都买的是品牌鞋子，于是，他不顾家人反对也买了一双

3.在购物时，我们怎么做才能让自己不陷入羊群效应里呢？谈谈自己的看法吧。

第七章
谈谈你的工作经历吧

　　库奥很仗义地拍拍胸脯："大小姐，你还是扶着我得了，别再揪马尾巴了。马尾巴都快让你给揪秃了！"

　　灌木丛里忽然一阵响动，一团灰色的影子从中蹿了出来，从大家眼前一跃而过。

兔子！

　　盖亚顿时来了精神，拿出他的弓箭准备射击。这个宣称自己是部落里百发百中的神箭手的家伙，这次又射空了。那兔子异常灵活，在灌木丛中几个起落之后，竟然嗖地一下跳到了树上，转眼没了踪影。

哇，这里的兔子会上树？

西里、盖亚，你们这是什么眼神啊？兔子怎么可能长那么长的尾巴？！刚刚明明是松鼠。

唉，本来以为可以打只兔子改善一下伙食，现在没戏了。

卡萝莉不满地抗议起来："向导先生，你别老惦记着吃行吗？当初我们决定卖掉黄金的时候，你只是嘟囔几句什么机会成本啦、羊群效应啦，为什么不更尽职一点儿，拼命拦着我们？算了，我这人不喜欢记仇，现在发挥你作用的关键时刻到了。我们去哪个金矿打工？"

我拼命拦了，可是没拦住……

宽敞的办公室里，当地最大一家金矿的主人保罗正好奇地打量着眼前这个奇怪的组合。来自己金矿打工的形形色色的人他见多了，可是从来没见过带着猴子和鹦鹉，背井离乡来这么远的地方淘金的。

更奇怪的是，那个自称约翰的家伙，看起来跟其他人不是一伙的，又怎么混在了一起？

叫爸爸！叫爸爸！

呃……这个……

保罗解释说自己开金矿的目的可跟那些财迷有天壤之别，他是为了无私地促进黄金事业的突飞猛进。正因为此，为他打工的每一个人都必须有真才实学。

保罗喝了一口咖啡："好吧，开始吧！向我充分展示你们的实力！"

盖亚第一个冲出来，对准办公室里摆设的一个古董花瓶，威武地拿起他的弓箭准备射，吓得保罗从椅子上弹跳起来，连连摆手说他可以不用面试就直接进工厂。

该我了。见证奇迹的时刻马上就要到来！

保罗一脸深思的表情："你年纪稍微大了点儿……好吧，谁让我为人就是这么善良呢……年龄大就年龄大吧！请谈谈你曾经的工作经历吧。"

约翰眉飞色舞地讲起他丰富的工作经历。

他先是在杂货店当伙计，不过因为工作的第一天吃了店里的很多巧克力，那位老板就说让他再也不要出现在自己的杂货店。经不住他的苦苦哀求，老板终于给了他一次机会。那天上午有位顾客来买牛肉，恰巧牛肉涨价了，那位顾客很不满地空着手离开了。

你可以卖些相近的东西给顾客呀！牛肉涨价可以改吃鸡蛋啊，营养也很丰富！这叫替补品，懂不懂？还有，比如一个人本来只打算买支钢笔，可是钢笔没有墨水怎么写字？所以一定要再卖给他几瓶墨水！这就是互补品！你连替补品、互补品都搞不懂，怎么有资格给我打工？

恰巧下午一位顾客来买手纸，而手纸刚好卖完。看着顾客失望的表情，约翰突然想起老板提到的替补品，顿时有了主意，打算向顾客推销一些相近的东西。

你向顾客推销的是什么？

约翰说："我说很抱歉手纸卖完了，但是我们有砂纸，功能和手纸基本一样。还有，我想起了老板说的互补品，灵机一动，就跟客户说如果便秘自然就用不到手纸了。为了能让手纸正常发挥作用，他很有必要买我们店里的泻药……"

泻药

大家一齐大笑起来，声音大得都快把房顶掀翻了。

保罗好容易才忍住爆笑，冲着约翰挥了挥手："继续讲……"

约翰不解地看着笑作一团的众人，继续讲述他的经历："那位顾客真不识好歹，我如此诚心诚意地替他着想，他竟然勃然大怒，而且还气冲冲地投诉我。而老板更过分，不仅不夸奖我按照他的意思推销货物，还狠狠地骂了我，并扣光了我的工资！不过没关系，我立即炒了他的鱿鱼！"

约翰说他的第二份工作是去铁匠铺做帮工，负责拉风箱。他充分展现了愿意创新和改进技术的性格优点，把所有时间都花在研究风箱上，希望能让它自动鼓风，不用人腰酸背痛地忙活。可是那个铁匠铺的主人有眼无珠，恶狠狠地赶走了他。

他不懂得欣赏我的创新精神也就罢了，偏偏还骂我好吃懒做！

然……然后呢？

约翰抓抓脑壳，继续往下讲。

接下来他找了份环境高雅的工作，去书店当起了店员。可是那些顾客总是没完没了地打扰他，让他无法安安静静地看书。于是老板给他放了长假，还告诉他这长假的期限是永远。

保罗捧着笑疼的肚皮，无力地挥挥手："好……好了，我已经知道你如此丰……丰富多彩的工作经历了……"

我还没说完呢！我接下来的工作……

好，你接着说。

替代效应

约翰打工的时候，老板责备他不会变通，指责他可以卖些相近的东西给顾客，比如牛肉涨价可以改吃鸡蛋，鸡蛋就叫替补品。恰巧下午一位顾客来买手纸，而手纸刚好卖完。看着顾客失望的表情，约翰突然想起老板提到的替补品，顿时有了主意，向顾客推销砂纸，结果却被顾客投诉，老板更是狠狠地骂了他。

小朋友知道这是为什么吗？一种商品的价格发生变化后，消费者购买商品时，该商品与其他商品之间会产生替代，这被称为替代效应。就如约翰以前的老板说的那样，牛肉涨价可以改吃鸡蛋，因为它们的共同作用都是为身体提供丰富的营养。

当一种商品价格降低，同类商品价格没变时，购物者就会多买降价的商品，以替代价格没变的商品。举个例子：一个人到市场上去买水果，一看橙子降价了，而苹果的价格没有变化，于是这个人就可能多买些橙子，而少买些苹果。

生活用品大多是可以相互替代的，萝卜贵了多吃白菜，大米贵了多吃面粉……替代效应的产生主要是因为商品具有可替代性，也就是说被替代的商品缺少特别的功用和价值，容易被同类的商品所替代。而那些不容易被替代的商品，价格虽然居高不下，人们还是不得不购买。

手纸是上洗手间时用的，而砂纸是用来打磨东西的，根本不能替代手纸。约翰想出用砂纸替代手纸的主意，不被臭骂一顿才怪！

互补效应

约翰以前的老板还提到，如果顾客本来只打算买支钢笔，可是钢笔没有墨水怎么写字？所以一定要再卖给他几瓶墨水，这就是互补品。

所谓互补效应，是指某一产品单独存在，价值不会太高，当另一产品出现时，两者的价值会同时提升。以钢笔为例，如果只有钢笔而没有墨水，那钢笔根本无法用来写字，也就没有人会用钢笔了。同样，笔和书写纸也有互补效应，装满了墨水的钢笔，如果没有书写纸，还是无法写字；同样，对书写纸来说，如果没有笔，纸的价值就无法实现。而纸和笔两者同时存在，价值都会得到体现。

约翰却灵机一动，对顾客说便秘自然就用不到手纸了，为了能让手纸正常发挥作用，顾客很有必要买他们店里的泻药。他对互补效应和互补品的理解彻底错了，难怪多索他们大笑起来。

两种商品是互补品，它们的需求方向是相同的。举个例子来说，眼镜架和眼镜片这两种商品就是互补品，要相互作用才能实现价值。你不可能只买眼镜片，而不买眼镜架吧？同样，人们在选择眼镜架时，也必须选择眼镜片。

如果眼镜架的市场需求增加，眼镜片的市场需求也会增加，两种商品的价格会同时上涨。

1.以下物品可以彼此替代的是（　　　）。

　　A.红苹果和青苹果　　　　B.大米和玩具

　　C.餐巾纸和剪纸　　　　　D.玫瑰花和麻花

2.以下物品不属于互补品的是（　　　）。

　　A.纸和笔　　　　　　　　B.锅和铲

　　C.酒和开瓶器　　　　　　D.餐巾纸和水杯

3.以下小朋友的做法运用了替代效应的是（　　　）。

　　A.胡萝卜涨价了，小华只好买了牙刷就回去了

　　B.盐涨价了，小丽却还是不得不买

　　C.橙子涨价了，小红买了橘子

　　D.小芳原本去买牛肉，一看牛肉涨价了，洗发水降价了，

　　　小芳就买了洗发水

　4.暑假的时候，小军帮妈妈看店。为了提高销售额，他想出了个好主意，他把扫把和拖把、牙刷和牙膏、盐和味精、大米和红枣放在一起组合卖。请问，小军想运用的是经济学里的替代效应还是互补效应？组合出售的几组商品中，哪些符合这个效应，哪些不符合这个效应呢？

第八章
更惊心动魄的故事

约翰继续滔滔不绝地讲自己的工作经历。他的下一份工作是药房助手。他觉得医生开的处方很不对劲儿，就偷偷改动了一下。

约翰一脸无辜地摇摇头，表示病人肯定没事，因为这个病人第二天就跑过来投诉药店卖假货给他。大家一问，才知道约翰把医生给那个病人开的治疗口腔溃疡的药换成治疗脚气的药了。

众人大跌眼镜。啊？用治疗脚气的药物来治疗口腔溃疡？

口腔溃疡和脚气都是感染引起的好不好？药物差不多……不过这不是重点，重点是，那个病号来药店买药的消费动机是什么？当然就是治好自己的病啦！既然他精神头那么足，能去药店投诉我卖假药给她，说明他的口腔溃疡不仅被治好了，而且他的状态超级好！他的消费动机已经被完全满足了！他来我们药店买药的消费行为，得到了超值的回报，不感激也就罢了，怎么能投诉说我欺骗他？

多罗一脸唯恐天下不乱的表情，追问约翰那个病人到药房投诉时到底说了些什么。

约翰说他多数都记不清，他只记住一句"我的消费者权益受到了严重侵害"，因为那个病人重复了很多次。关键是那个病人不光有台词，竟然还自动加了武打动作，情绪失控的时候还看见什么抓什么，先后分别拿起杯子、笔筒、咖啡壶什么的，准确地瞄准约翰。

打中了吗？

约翰责备地看着多罗："喂！我们是一个团队的，你怎么能这么对我？'好汉不吃眼前亏'，我左躲右闪才没被砸中，想起来就可怕。"

库奥也风度全无，兴奋地追问接下来的剧情是怎样的。

约翰说最后那个病人发誓以后坚决不去他工作过的那家药房买药了。

然后呢？

约翰很绅士地耸耸肩，说自己觉得那个病人只是因为生病，心情不好，在精神紧张的状态下才说出来一些疯言疯语，其实那不是他的本意，要不了一小时他就会忘得干干净净，或许还会后悔那么粗鲁地对待自己，所以不会有然后了……

我实在听不下去了……竟然有人脸皮比我还厚！

那个病人真的脸皮很厚，简直无理取闹！

上帝啊，我被彻底打败了！喂，约翰，难道你没听出来我是在说你脸皮厚吗？

我对美国绅士，真是有了全新的认识。

喂，他不具备代表性好不好？我才是真正的美国绅士！好了，约翰先生，你的工作陈述到此为止吧！

保罗按了按桌上的电铃，秘书小姐迅速赶来，一脸恭敬地等待保罗的指令。保罗让她看看金矿上还有哪些职位空缺，马上安排他们几个上班。

喂，最关键的问题还没谈好呢！你准备支付我多少薪水？

看到保罗迟疑的样子，约翰又开始滔滔不绝了。

我想我有必要强调一下，因为我有在矿场工作的经验，所以你必须给我很高的薪水！

保罗目不转睛地看着他，示意他说下去。

约翰告诉保罗，他在那个矿场只待了三天，因为老板目光短浅，根本不懂得欣赏他的才华。愤慨之下约翰只好跑去告诉老板，如果不增加工资，他就立即辞职，尽管他无比热爱和迷恋这个矿场。

　　约翰对那个矿场的老板信誓旦旦："我还从来没有对任何一种职业产生过这样真挚热切的情感。"

　　听着约翰肉麻地讲述当时热烈深情的表达，库奥他们几个只觉得鸡皮疙瘩掉了一地。

　　约翰感觉到了那几位的异样，转向多索他们，手舞足蹈地告诉他们，没有任何事情能比在这个矿场工作更让人幸福快乐、斗志昂扬的了。不过尽管如此，他还是非要求增加工资不可，因为这是原则问题。

库奥耸耸肩："你的原则还挺多！"

卡萝莉捂着嘴巴偷笑："真正让你产生真挚热切情感的，是闪闪发光的金子吧？"

> 跑题了！约翰，请说重点——你在那个矿场的工资到底是多少？

约翰说那个矿场老板每周只付给他20美元，还一副趾高气扬的样子，好像这是一笔多么了不起的巨款。在自己有理有据的坚持下，那位老板皱着眉头问约翰想加到多少。

> 你想加到多少？

盖亚忍不住插嘴："重点来了！你想把工资加到多少？"

约翰耸耸肩："我说我这个人特别好相处，每时每刻都为别人着想，所以每个月随便给点就行，10万美元吧！"

保罗好像被热咖啡烫着了，发出一阵压抑的呻吟。看来他的咖啡杯保温效果很好，从大家进来都过去足足两个小时了，那咖啡的温度竟然还这么高。

你前老板答应了？！

……才怪！

他竟然命令我从房子里滚出去！不过，尽管他这么没有教养，但是我还是带着遗憾离开了，因为……

你遗憾什么……

我遗憾没有向他要月薪70万美元……他一定是觉得我不够自信，不敢要足可以和我的能力相匹配的酬劳，才暴跳如雷的！

多索关切地看着面色惨白、有气无力地瘫坐在椅子上的保罗，问他是不是不舒服。保罗伸出不断抖动的右手摆了一下，好不容易挤出三个字。

我头疼……

崭新的生活开始了。

保罗的矿上雇佣了1000多个工人，工人们三班倒，日夜忙个不停。金矿上的主要通道拥挤不堪，挤满了各种矿车。每张脸上都堆满了笑容，眼睛里闪着狂热的光芒。

约翰的唾沫星子没有白费，他竟然做了车间的一个小头头。当然，不排除是保罗一时间头脑发热才做出了这个决定。

约翰工作的时候，旁边总是放一个不透明的杯子。

咦？你放个杯子做什么？

约翰翻个白眼说："当然是为了补充足够的水分啊……水可是生命之源，如果缺少了水……喂，兽皮裙，你别走啊，我还没说完呢！你知道你为什么皮肤那么粗糙，毛孔那么粗大，而我的脸却光洁细腻，宛如初生的婴儿吗？那就是因为我每天要喝几大杯水！"

消费行为和消费动机

约翰对自己被投诉感到很委屈，他觉得病人来药房买药的消费动机就是治好自己的病，既然病人能来药房投诉且指责他，说明病人不仅病好了，而且超级健康，所以病人的消费动机已经被完全满足，他来药店买药的消费行为就得到了超值的回报。

消费行为是指消费者为获得所用的消费资料、劳务而从事的选择、购买和使用等活动。消费行为受消费动机支配。人们来药房就是购买适合自己或者家人病情的药物的——这是他们的消费行为。

消费动机是指引购买活动去满足某种需要的内部驱动力。

消费者自身的欲望是促使消费者购买的主因。它既产生于内在需要，比如为维持生理需要而购买粮食、蔬菜、水果等，又来自外部环境的刺激，比如某种社会舆论的影响，例如支持国货。

只有强烈的动机才能导致行为。比如某人只是稍微有些感冒，即使不吃药，过几天也会自行痊愈，在这样的情况下，消费动机就不够强烈，他可能就不会去药房买药。

消费者权益

约翰说他只记住一句"我的消费者权益受到了严重侵害"。

消费者权益是指消费者在购买、使用商品或接受服务时，所享有的保障其人身、财产安全不受损害的权利。具体包括：知悉其购买使用的商品或服务真实情况的权利；自主选择的权利；获得质量保障、价格合理、计量正确等公平交易的权利；因购买、使用商品受到人身、财产损害时，依法享有的获得赔偿的权利。

约翰自作主张，在病人对真实情况并不知晓的情况下，把治疗脚气的药物，卖给了得口腔溃疡的病人，这种行为便损害了病人作为消费者的权益。

我们最熟悉的保护消费者权益的组织是消费者协会。它不以营利为目的，对商品和服务进行社会监督，保护消费者权益，受理消费者的投诉，并对投诉进行调查、调解。

如果小朋友们感觉自己的消费者权益受到了侵害，不需要像文中的病人那样大发雷霆，你可以拨打消费者协会的电话12315进行投诉。

1.以下行为没有侵害消费者权益的是（　　）。

　　A.小华在顾客不知情的情况下，将一件有点破损的大衣卖
　　　给了消费者

　　B.小红强行让顾客买下了她店里的最后一块蛋糕

　　C.小丽见客户不懂行情，将店里的净水器以高出平均售价
　　　两倍的价格卖给了顾客

　　D.小芳卖的暖水宝出了问题，她对顾客做出了相应的赔偿

　2.当你的消费者权益受到了侵害，以下关于维护自己的权益
的行为中正确的是（　　）。

　　A.直接将商家暴打一顿

　　B.取得消费者协会的帮助

　　C.打110电话报警，叫警察来处理

　　D.张贴小字报将商家伤害自己权益的行为广而告之

3.以下消费行为和消费动机相匹配的是（　　）。

　　A.卡罗拉渴了，她去买了瓶矿泉水

　　B.西里病了，他去买了瓶辣椒酱

　　C.卡萝莉感到冷，她去买了个电风扇

　　D.多罗拉肚子了，他去买了泻药

第九章
约翰的偷金高招

旁边岗位上的几位先生赶紧远远躲开，免得等会儿被约翰先生的唾沫星子淹死。

乌拉拉不屑地瞪着约翰说："你别说得那么冠冕堂皇的，别以为我不知道你的真正目的！"

卡萝莉也很快看出了约翰桌子上放水杯的真正用意——他一见有大一点的金粒，便趁别人不注意时，赶紧凑上去用舌头去舔。

喂……你恶不恶心啊……

卡罗拉打个手势阻止了妹妹，示意她仔细观察。卡萝莉瞪大眼睛，这才发现约翰原来是用舌头去舔金粒，然后假装去喝水，神不知鬼不觉地把金粒吐在杯子里。等下班的时候，他再把杯子带回去，就可以瞒天过海了。

天哪！他竟然……竟然在偷金子！

约翰只觉得后背发冷，一回头看到几道凌厉的目光看着自己，不由得有些尴尬，下意识地哆嗦了一下。

你们这是在用一种什么样的眼神看我？

库奥压低声音："我想我们有必要谈谈了。尽管保罗先生是个……"

约翰像被人从腿上割掉了一块肉，双腿不住地颤抖起来，看得乌拉拉有些于心不忍。

约翰情绪非常激动，说起话来更加滔滔不绝，从小时候父母离异，母亲一个人如何含辛茹苦地把他拉扯大，到社区的失学儿童如何可怜……说着说着，还流下了伤心的泪水。

多索同情地说："好了，好了，你别再说下去了，我们相信你一回，不过就一回啊，你要保证从今天起不要再干这样的事了，否则难保我不去告密。"

约翰大口大口喘着粗气："你们真是有同情心的好孩子……好吧，看在你们这么有正义感的分儿上，我就答应你们的要求。"

几天的工作下来，大家已经充分认识到，要掘进地球的深处，挖出含有让全世界为之疯狂的黄金的矿石，是一项艰难的工作。更要命的是，这还只是开始，后面还要经过无比漫长的工序……

　　车间里的捣矿机一起一落，不知疲惫地工作着。这些机器都是保罗从二手市场淘来的，也就是二手货，买回来后又不舍得保养，那声音吵得大家近乎崩溃。

　　矿上仿佛从来没有空闲时间，工作没完没了。保罗永远都是那么精力充沛，四处热情地挥舞着手臂："加油啊！不要让任何一丁点儿黄金漏网！这里很快就要成为世界瞩目的超级企业！为了表示对你们的鼓励，我明天再去次二手市场，给你们买些工作服回来！"

如果保罗生在我们的时代，一定是个网购达人！可惜现在只有二手市场，还没有网购！否则他一定会反复比较所有的购物方式，找到最省钱的那种！

他这么精打细算，不好吗？

请注意你的用词！他这可不是精打细算，而是吝啬小气！我妈妈那种网购达人，才是真正的精打细算！

看在工资的分儿上，多索他们觉得还是可以继续忍受这种生活的。这一天下班的时候，他们却惊恐地发现门口多了几个负责搜身的彪形大汉。保罗得意扬扬地宣称这些人是他花高价聘请来的，他们不是退役的军人就是专业侦探，个个都是火眼金睛。

给我仔细地搜！

多索他们不约而同地看了看身后排着队等待被搜查的约翰，心里七上八下的。

仁慈的耶稣，善良的圣母玛利亚，威严的释迦牟尼……

喂！你到底信奉什么教？

现在哪里还顾得上这些？这根本不是重点！天哪，我的小心脏怦怦怦跳得好厉害！如果约翰的伎俩被发现，我们也要遭殃的！拜托拜托，那几位火眼金睛千万别检查约翰的杯子！

够冷静！约翰，我对你的印象稍微好了那么一点儿！

约翰冲库奥微微一笑，若无其事地看着远处的风景。

轮到乌拉拉了。它一脸无辜地摊开手臂，新来的一位保镖却彻底无视它可爱的表情，仔仔细细搜查起来，恨不得把它的毛全都扒开，看看里面有没有藏着最细小的金粒。

一个保镖气愤地说："你长什么颜色的毛不好，偏要长成和金子一样的颜色！你知不知道，这样会增大我们搜查的难度！"

乌拉拉傻眼了："大哥，我长什么颜色的毛，自己也决定不了啊！"

保罗眉开眼笑，很是赞赏新保镖的表现。

保镖终于检查完了，小精灵捡起被弄掉在地上的一些金黄色的绒毛，眼泪汪汪地捧到保罗面前："呜呜呜……你赔偿我！一根绒毛一克黄金！"

保罗挥挥手："送你两个字——做梦！"

乌拉拉露出一副委曲求全的样子："那至少赔偿我一瓶护发素。"

保罗慷慨地点点头："成交！我明天就去跳蚤市场给你买！"

乌拉拉惊恐地瞪大眼睛："什么？跳蚤市场？！不，我可不想身上长跳蚤，那还不得痒死？"

保罗哼了一声说："别假干净了，生活不是凑合就是将就，差不多就行啦！"

轮到西里了。他早已经被这个阵势吓呆了，双腿控制不住地哆嗦着。

保镖嚷道："你哆嗦什么？身上一定藏了黄金！"

几个新保镖一起上前，把西里搜查了个遍，却一无所获。他们忍不住发起火来，责备西里既然没偷金子，为什么还要在那里胡乱哆嗦，这样会干扰他们的判断的。

西里继续哆嗦，卡罗拉走上前替他解围。

保罗一愣："咦？我面试的时候没发现他有这个毛病啊！"

卡罗拉面不改色："这个病间歇性发作，有时候哆嗦，有时候不哆嗦。"

二手市场、二手货、跳蚤市场

　　文中说车间里的机器都是保罗为了省钱从二手市场淘来的，也就是二手货，声音吵得大家近乎崩溃。小朋友知道什么是二手市场和二手货吗？

　　二手市场是人们出售和购买旧物的地方，二手货指转手买卖或者交易的东西。二手市场里的物品有的八九成新，却只卖原价的一半，甚至更少，所以去二手市场淘一些仍能使用的东西，是个省钱的好办法。有一些二手货虽然价格非常低，不过已经很旧了。保罗为了省钱，买来的噪声超大的旧机器就是这种情况。

　　保罗在乌拉拉的央求下，答应第二天就去跳蚤市场买护发素给它，把乌拉拉吓坏了，直嚷嚷它可不想身上长跳蚤。

　　跳蚤市场是二手市场的一种形式，是欧美等西方国家对旧货地摊市场的别称。早期的英国人经常将自己的旧东西拿到街上卖，而那些旧的东西里时常会有跳蚤、虱子等寄生虫。渐渐地，人们就将这样的卖旧货的地方叫作跳蚤市场。跳蚤市场的货品多是旧货，从小装饰物到电视机、洗衣机、汽车等应有尽有，且价格低廉。

网购

文中卡萝莉评价保罗如果生在现代，一定是个网购达人——他一定会反复比较所有的购物方式，找到最省钱的那种。而卡萝莉的妈妈就是一位网购达人。

网上购物简称网购，是指通过互联网检索商品信息，通过电子订购单发出购物请求，之后通过支付、发货等一系列环节完成交易的网上购物形式。它有方便、快捷、经营成本低、库存压力小等优势，已成为一种普遍的购物形式。

网购在我们的生活中已经司空见惯。小朋友，你的妈妈有没有在购物网站上买过衣服和鞋子？你的爸爸有没有在购物网站上购买过手机、电子狗等电子产品？而你自己，有没有在大人的帮助下，从购物网站买过书籍？

随着互联网的普及应用，越来越多的人热衷于网购——只要在家里动动鼠标或者通过手机，就可以通过网络挑选自己喜欢的产品，连家门也不用出，你购买的东西就可以送到你面前。是不是超级方便？

乌拉拉 考考你

1.以下购物方式不属于网购的是（　　　）。

　　A.在淘宝商城下单买了一件衣服

　　B.在当当网买了自己喜欢的漫画书

　　C.在京东商城定了一双鞋子

　　D.去楼下超市买了瓶水

2.以下关于二手市场、二手货的说法正确的是（　　　）。

　　A.二手市场就是卖旧货的地方

　　B.小华刚买了一台电脑，试用后觉得不太好，就去二手市场卖掉，这台电脑不属于二手货

　　C.二手市场很脏，到处都是跳蚤

　　D.所有物品都有专门的二手市场

3.你在网上买过东西吗？网购和去商场购物有什么不同呢？都说网购多数时候更省钱，为什么呢？

第十章
驯马"高手"

在保罗和众保镖狐疑的目光中，西里哆嗦着通过了关卡。

卡罗拉和多索他们也陆续安全过关，但他们丝毫不敢放松，不约而同地在黄线外站定，看着缓缓跟着人群往前移动的约翰。那个家伙很镇定，一副若无其事的样子。

时间一秒秒过去，终于轮到约翰了，多索和卡罗拉紧张地屏住了呼吸。

当保镖的手毫不留情地伸向约翰的杯子时，卡萝莉和西里差点儿惊叫出声。卡罗拉和多索也不忍再看，赶紧闭上了眼睛。

预想中的怒吼声却没有响起，那个保镖甚至问都没问。惊诧不已的卡罗拉要过约翰的杯子，里面竟然空空如也，根本没有金粒。

卡萝莉长长地松了口气说："这个约翰还挺有先见之明。看来他趁大家不注意，提前把黄金转移了。你们说他会转移到哪里去呢？"

等大家回到睡觉的简陋帐篷，心中憋了很久的疑问终于有机会说出来，一时间几张嘴几乎同时和约翰说话，搞得约翰头晕目眩。

金子藏在哪儿了？

你不会是吃进肚子里了吧？

看不出你警惕性还挺高的！

约翰，你肯定经常当小偷，都有经验了！快说，金子藏到哪里了？

等到四周终于安静下来，约翰摊开手，冲着一直待在旁边不出声的鹦鹉金刚吹了声口哨。金刚径直飞了过来，它的嘴巴一张，一些金光闪闪的金粒掉落在约翰的手心。

天哪！约翰，你竟然想出了这个鬼点子！不过，像你这样耍滑头，早晚会露馅儿的！

您是怎么让这只鹦鹉乖乖听话的？我一直想跟它搞好关系，可是它一直绷着一张臭脸！

很简单。满足它的愿望不就得了！

你不会是……真的叫它爸爸了吧？

这代价也太大了！

你还真是有"原则"！

当然！我的原则就是看心情……不，看金子！

126

保罗表面看起来很绅士，其实是个超级小气鬼。大家干的活儿又苦又累，可是保罗提供的没有肉也没有菜，只有动不动就吃出沙子的米饭。

忙得焦头烂额、体重明显下降的多罗终于忍不住了，跑去向保罗投诉，要求增加人手，并且提高饭菜质量。多索他们也挥舞着拳头跟在后面，表示抗议。

保罗满脸严肃地说："孩子们，你们听说过边际效用吗？听说过边际效用递减吗？"

看到多罗他们不解地摇头，保罗一脸"没文化真可怕"的表情，开始滔滔不绝地讲起来。

保罗说效用是一种心理感受，消费某种物品时，开始的刺激越大，满足程度就越高。但不断消费同一种物品，即同一种刺激不断反复时，人在心理上的兴奋程度或满足感必然降低。这就是边际效用递减规律。

看来这么讲你们听不懂，那我就举个最通俗的例子吧。

看到众人的目光落在自己身上，保罗得意地清清嗓子："当你极度口渴的时候十分想要喝水，你喝下的第一杯水是最解渴、最畅快的。但随着口渴程度降低，你对下一杯水的渴望值也会降低，当你喝到完全不渴的时候，再喝水甚至会感到不舒服，再继续喝下去会感到越来越不舒服。懂了吧？"

所以，肉啊菜啊这样的好东西，一年吃个一两次就行了，否则就是浪费。懂不懂啊？

被保罗的长篇大论惊呆的多索他们好半天才回过神来。看在金子的分儿上，他们决定忍无可忍，重新再忍。多罗不停地做着深呼吸，拼命压制住自己想冲上去一拳打晕保罗的冲动。

> 那至少增加些人手吧？我起得比鸡早，睡得比猫晚……你怎么可以如此虐待工人？

保罗两片薄薄的嘴唇一张一合的，继续发表他的高见："增加人手？开什么玩笑！比如你的冲洗岗位，一个人每天可以冲洗出10克黄金，如果找来一个帮手，就变成了两个员工。你们工作时肯定会聊天吧？聊天时效率肯定下降，即使两个人每天能冲洗出16克黄金，比原来一个人完成的10克多了，但平均算下来，实际上每个人每天只不过冲洗出了8克黄金而已。"

看着众人目瞪口呆的样子，口干舌燥的保罗得意地喝了几口咖啡，做总结性发言："一个岗位人越多，效率越低。作为一个精通经济学的老板，我怎么可能允许这么浪费的事情在自己的公司里发生？拿我的钱给你们开着工资，却慷慨地任由你们在工作时间聊天？你们要是不想影响自己长身体，可以选择离开。"

　　多罗急了："……那至少给我换个岗位！我有驯马的经验，去负责往马车上捆绑物品比较适合！让我这样的高手负责冲洗，不符合你说的什么……边际效用最大化原则！"

　　卡萝莉一愣："你什么时候有驯马经验了……啊！不会吧，你是说那匹魔鬼马？"

　　保罗眉开眼笑："学得真快！哇，原来你竟然连魔鬼马都能驯服！我可是听过关于它的传说！你真是人才啊！怎么不早说？"

库奥一脸幸灾乐祸的表情，殷勤地招呼着大家看好戏。多罗彻底无视卡萝莉和库奥的白眼，昂首挺胸地跑到了一匹看起来最温顺的白马前，装模作样地往马背上安放物品。

多罗说："亲爱的马儿，恭喜你！你将得到一位专业驯马师六星级的服务！"他姿态优美地用一根绳子围绕着白马不停转圈，上上下下、左左右右、前前后后地忙活了起来，不时煞有介事地在这里打一个结，又在那边猛地一拉。

那匹倒霉的白马，一会儿肚子塌了进去，一会儿脖子被紧紧勒住，温顺的眼睛里露出了委屈的表情。

保罗开始是一脸的欣赏，后来却越看越困惑："我们神奇的驯马师，我很想知道，你把这匹马五花大绑起来了，等会儿它怎么跑呢？"

多罗若无其事地挥挥手："耐心等待，别插嘴！天才工作的时候，不喜欢被打扰！"

温顺的白马再也无法忍受眼前这个超级恐怖的家伙，它嘶叫一声，挣脱了身上的绳子，撒开蹄子逃跑了。捆在它身上的各种物品相继滚落，发出一阵稀里哗啦的怪响。

这就是你所谓的驯马绝技？

多罗嘻嘻一笑："别那么小气嘛！那匹白马只是太渴望自由了，我们就成全它吧！瞧，那些物品都毫发无损地躺在地上呢，它什么也没带走！"

保罗："……"

因为营养严重不足，大家开始想办法，想着想着，大家的目光一齐锁定盖亚，不谋而合地想出了一条妙计。

卡萝莉当造型总指挥，命令西里和多罗用面粉在盖亚的脸上厚厚地糊上几层，卡罗拉和库奥则负责找几根树枝，塞在盖亚乱蓬蓬的头发底下，然后用万能胶粘住，做出一个超级夸张的发型。

> 这样不太好吧……肯定有更好的办法……

大家一齐怒喝，吓得盖亚立即闭上了嘴巴。他脸上厚厚的面粉却挂不住了，扑簌扑簌直往下掉。

卡萝莉大为不满："盖亚，从现在开始你不许说话，不许乱动！否则面粉掉光了，我们就前功尽弃啦！"

盖亚拼命忍了很久，最后还是忍不住打了个大喷嚏，脸上的面粉立刻出现了道道裂纹。

卡萝莉的表情很快由不满变成惊喜："盖亚，你怎么回事？！咦？这样看起来效果更好，好恐怖啊！"

这时保罗正好地开门进来，一下子被眼前的怪脸吓呆了。他惊叫起来，被惊叫声吸引过来的秘书小姐也吓得直发抖。

秘书说："老板，那是个……什么东西？难道这就是传说中的吸血鬼？啊！太吓人了！"

保罗的拳头松了又紧，紧了又松，一会儿深呼吸一会儿浅呼吸，交替进行了很多次，终于再也支撑不住，重重地摔倒在地上。此时赶到的保镖们一拥而上，将鼻血四溅的保罗抬起来，飞快地朝外跑去："这是什么病啊？发作起来这么猛烈！老板，你千万要坚持住！"

经过这次折腾，保罗被迫改善了工人们的饮食。第二天清晨，工人们看着饭桌上明晃晃油闪闪的牛肉和碧绿的青菜满意地笑了。多索他们正打算心满意足地狂吃一顿，却看到一根光柱缓缓升起。

派奶奶，您怎么又不提前打招呼？我们还没来得及吃肉，还没有监督约翰如何使用金子呢！呜呜呜……

约翰仿佛意识到了什么，拼命挥舞着手臂："别！你们走了谁干活儿啊……"

鹦鹉绷着一张臭脸，挥舞着翅膀飞进了光柱，约翰欲哭无泪。

美国绅士，再见了！不，永别了！

边际效用和边际效用递减律

在文中保罗讲到边际效用这个词。

在消费一种商品时，这种商品每增加一单位，其所增加的效用便递减，最后一单位即边际单位的效用最小，称"边际效用"。

当你极度口渴时，喝下的第1杯水的边际效用最大，因为它可以让你缓解口渴的感觉，你喝下它的时候也最满足。喝第2杯水时，你已经不如刚才那么渴了，满足感就在降低，边际效用也在减小。如果有足够的水，除了饮用，还可以拿来洗澡、浇花等，那么水被用来饮用的时候，边际效用最大。随着得到的水量增加，水会被用于洗澡、浇花等，边际效用也越来越小。

再以保罗拒绝增加人手为例：他的理由是一个岗位人越多，效率越低。如果一个人负责冲洗，每天可以冲洗出10克黄金，变成两个员工，他们工作时肯定会因聊天或者其他因素，导致效率下降，每个人每天只不过冲洗出8克黄金而已。这就是边际效用递减律。边际效用递减律是微观经济学的基本规律之一。在其他投入固定不变时，连续增加某一种投入，比如增加员工的投入，所新增的产出最终会减少。

边际效用最大化原则

在文中保罗说肉啊菜啊这样的好东西，一年吃个一两次就行了，否则就是浪费。小朋友们，他说得对不对？其实，这里涉及一个经济学名词——边际效用最大化原则。

消费者对若干消费品，选择最优的商品组合，使得自己花费在每一种消费品上所带来的边际效用达到最大化，实现最大总效用，这便是边际效用最大化原则。

举个例子：你有48元钱的预算来买零食，蛋糕12元钱一块，比萨24元钱一个。如果你用48元买了4块蛋糕，吃第一块蛋糕时觉得真好吃，吃第二块时也还可以，吃第三块时就觉得味道一般了。如果你把48元钱用来买2个比萨，吃第一个比萨时觉得真好吃，吃第二个比萨时就可能觉得味道一般。所以，如果想达到边际效用最大化，最好的选择就是用这48元买2块蛋糕和1个比萨。

所以，保罗只是在为他的吝啬寻找借口。他可以不断更换菜的种类，比如今天牛肉明天鸡肉，今天青菜或萝卜，明天西蓝花，照样会实现边际效用最大化。

不过保罗提到的边际效用最大化原则，确实值得我们在生活中加以利用。我们可以用有效的预算，买到最佳的商品组合。

1.以下行为属于边际效用最大化的是（　　　）。

　A.小华拿5元钱，买了2元的作业本1本，2元的笔1支，1元的橡皮1块

　B.爸爸给小红10元钱买零食，她全部买了巧克力

　C.小丽好不容易从爸爸手里拿到零花钱，她一分钱都不花，什么也不买

　D.妈妈让小芳去买菜，她把钱全部买了胡萝卜，结果吃了一个星期

2.以下关于边际效用的说法不正确的是（　　　）。

　A.物品边际效用最大时最能满足人需要

　B.边际效用最大的时候，是人对某事物的需求最不强烈的时候

　C.边际效用最大的时候，商家把东西卖给你，商家可以借此发财

　D.当某品牌的某种版本的手机在市场中趋于饱和时，该公司才开始发布最新版本的手机，这运用的就是边际效用的原理

3.小陆带了50元钱去买衣服，不过他还想买零食。其中，T恤有10、20元的，衬衫有15、30元的，牛仔裤有25、15元的，巧克力要10元。小陆如何花这50元钱才能实现边际效用最大化？